Escrit a dues veus,
recollint tota la saviesa
que només les ments
més tendres poden aportar.

© de l'obra completa: **Anna Masnou Roig**
hola@annamasnou.cat
www.annamasnou.cat

Il·lustracions de: **Nus for Design**

ISBN 9798713746131
Dipòsit Legal B 3722-2021

ADÉU, AVI

L'avi s'ha mort.
Estic trista i tinc ganes de plorar.
Jo no entenc la mort.

Proven d'explicar-me-la,
però no se'n surten.

Diuen que l'avi dorm,
però no és al llit i no es despertarà.

Diuen que ha marxat,
però ell mai se n'anava
sense dir-me adéu;
i aquest cop no tornarà.

Diuen que és al cel, però al cel s'hi va en avió
o en coet i a l'avi li feia molta por volar.

Diuen que és una estrella, però les estrelles
són lluny i ell no marxaria mai lluny de mi.

Diuen que és a la natura,
però la natura és massa gran
i ell sempre em deia on anava.

Diuen que és a tot arreu,
però ja no seu a la seva butaca,
que era el seu lloc preferit de tots.

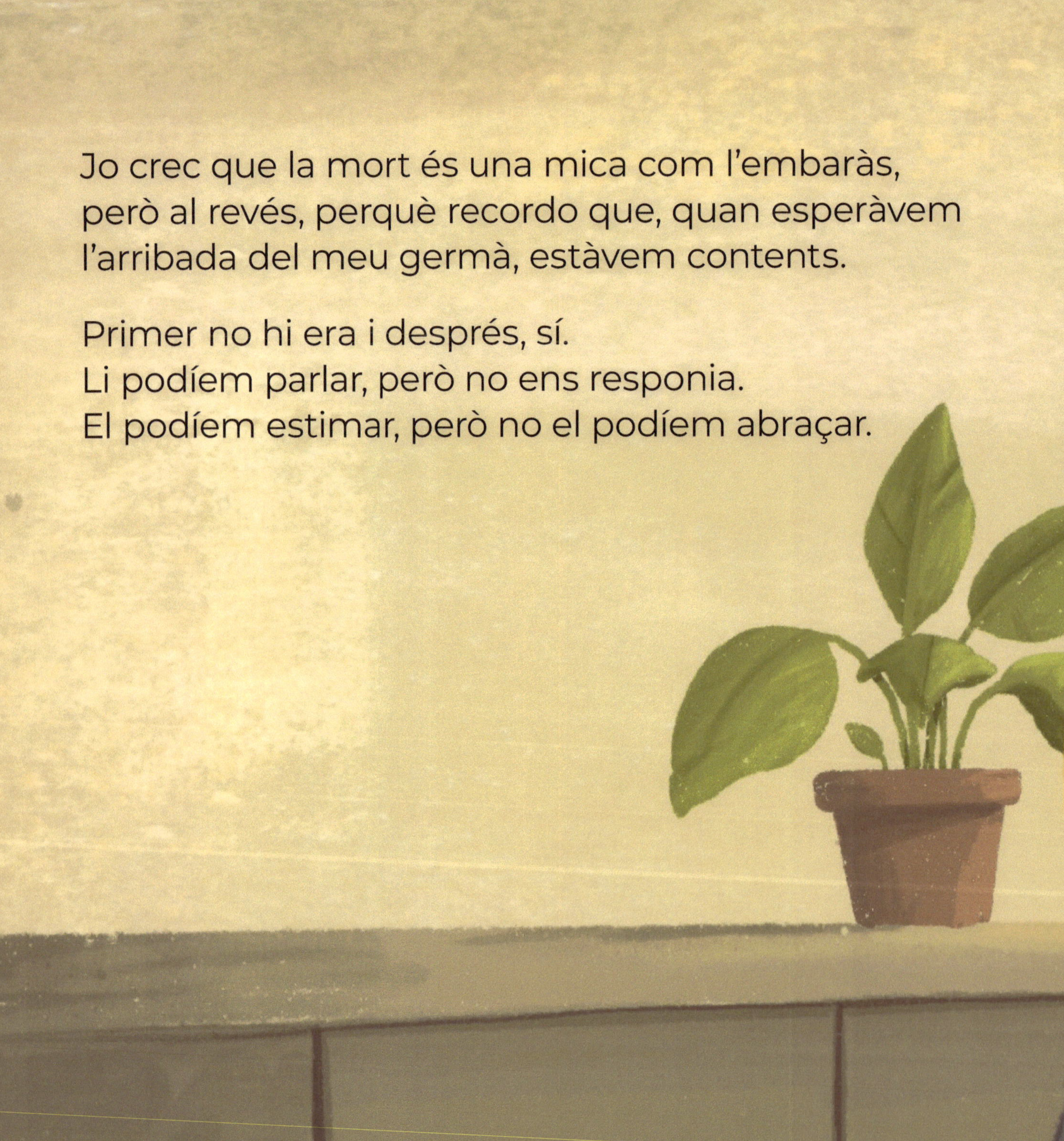

Jo crec que la mort és una mica com l'embaràs,
però al revés, perquè recordo que, quan esperàvem
l'arribada del meu germà, estàvem contents.

Primer no hi era i després, sí.
Li podíem parlar, però no ens responia.
El podíem estimar, però no el podíem abraçar.

En canvi, l'avi abans hi era i ara, no.
Ja no pela taronges

ni arregla tomaqueres.

No fa llenya ni surt
a buscar cargols.

No em fa pessigolles ni juga amb mi.

Li puc parlar, però sé que no em respondrà.
I també sé que, encara que no el pugui abraçar,
sempre el podré estimar.

Si tanco els ulls el veig amb el pensament.

Quan el vull sentir a prop,
em calço les botes i baixo a l'hort.

Cada dia rego l'arbre que vam plantar junts.

El recordo quan el pare m'ensenya a buscar bolets
i m'explica històries.

I així, cada record és com una abraçada.